LISTE ALPHABÉTIQUE

DES

MEUBLES ET OBJETS MOBILIERS

SUSCEPTIBLES D'ÊTRE SOUMIS

A LA

TAXE DE LUXE

INSCRITS AU TABLEAU B

DU

DÉCRET DU 7 SEPTEMBRE 1923

AVEC UNE PRÉFACE

PAR

Georges CLOUZOT

COMMISSAIRE-PRISEUR

PARIS

LIBRAIRIE ARTHUR ROUSSEAU

ROUSSEAU & Cie

ÉDITEURS

14, RUE SOUFFLOT, ET RUE TOULLIER, 13

1925

LISTE ALPHABÉTIQUE

DES

MEUBLES ET OBJETS MOBILIERS

SUSCEPTIBLES D'ÊTRE SOUMIS

A LA

TAXE DE LUXE

INSCRITS AÚ TABLEAU B

DU

DÉCRET DU 7 SEPTEMBRE 1923

AVEC UNE PRÉFACE

PAR

GEORGES CLOUZOT

COMMISSAIRE-PRISEUR

PARIS

LIBRAIRIE ARTHUR ROUSSEAU

ROUSSEAU & Cie

ÉDITEURS

14, RUE SOUFFLOT, ET RUE TOULLIER, 13

—

1925

PRÉFACE

L'application exacte du décret du 7 septembre 1923, au cours d'une vente aux enchères, est très difficile pour un officier ministériel, même possédant une grande expérience.

Non seulement il est presque impossible de se rappeler imperturbablement la limite de prix de plus de trois cents articles, mais certains d'entre eux sont définis dans des termes si vagues que les officiers ministériels et les agents de l'enregistrement ne peuvent se mettre d'accord sur les objets que comprennent ces catégories.

Où s'arrête le caractère de *jouet* d'une lanterne de projection et quand devient-elle instrument scientifique ou d'enseignement ? La distinction entre un instrument de jeux et un instrument de sport est-elle toujours facile ?

Qu'est ce qu'un *motif d'accompagnement* ? Le décret les groupe avec les vases, coupes, bouts de table et candélabres, mais il est muet sur le genre d'objets que ces motifs peuvent *comprendre*, et les « sujets » en bronze d'imitation, les statuettes de porcelaine sont fréquemment taxés « objets de luxe » par l'enregistrement lorsqu'ils dépassent 40 fr. Mais qui de nous n'a vu, dans son enfance, deux personnages en porcelaine ou en biscuit encadrant une pendule à colonnes torses ? Et faut-il parce qu'une servante maladroite a brisé le dénicheur de nids ou cassé la tête à la mélancolique héroïne de M. de Chateaubriand, que le « conjoint » survivant soit déchu de son titre de motif d'accompagnement, taxable au-dessus de 150 fr. pour devenir un simple objet en porcelaine, supportant la taxe, dès qu'il dépasse 40 francs ?

Est-ce une question de taille ? En ce cas, on doit reprocher aux fabricants et aux marchands de ces objets de n'avoir pas su obtenir une réglementation précise, comme l'ont fait les libraires : pour ceux-ci la dénomination est claire, la reliure d'un volume in-12 est taxée au-dessus de 20 francs, celle d'un in-4° au-dessus de 50, etc., etc. N'aurait-on pu agir de même pour les vases, coupes, statuettes et autres, et indiquer la taille à partir de laquelle ces objets passent de la catégorie n° 34 à la catégorie 117, et de celle-ci au n° 97 ?

Un bronze de 50 francs, s'il a 20 centimètres, n'est sûrement pas un objet d'art, et il ne faut pas oublier que, s'il est vissé sur une pendule, il ne paiera pas la taxe.

La question, caractère d'art, qui devrait entrer en ligne de compte, est tout à fait laissée de côté dans le décret, qui taxe un sujet en zinc, mais qui exempte un plâtre de la Chalcographie du Louvre, chef-d'œuvre de la statuaire antique.

Lorsqu'une garniture de cheminée aura pour pièce principale un sujet ou une coupe, à partir de quelle somme doit-on appliquer la taxe ? Au-dessus de 450 fr. (trois objets à 150 fr. n° 97) ou au-dessus de 800 fr. (garniture n° 98) ?

Les écrans (n° 11) sont exempts de taxe jusqu'à 400 fr., mais une garniture de foyer (n° 99) est taxable, *écrans compris*, à partir de 201 fr. Faut-il en déduire que les écrans métalliques ne sont pas compris dans le n° 11 ? Mais en vertu de quelle distinction subtile un écran de cuivre est-il plus article de luxe qu'un écran d'étoffe lorsque ces deux objets atteignent le même prix ?

Ne parlons pas des tableaux et aquarelles ; on ne peut s'empêcher de sourire en pensant qu'une « croûte » de vingt-cinq francs doit payer la taxe, si l'on applique le décret à la lettre, mais qu'on peut vendre le cadre seul soixante-quinze francs, en n'exigeant que le droit simple.

Quant aux armes, le décret est muet, sauf en ce qui concerne les revolvers. Un sabre d'ordonnance n'est pas un objet de collection ; mais, puisque le décret ne parle pas de pays d'origine, on peut en déduire que le sabre d'un soldat quelconque, fût-il japonais, n'est pas soumis à la taxe de luxe.

Un fusil de chasse hors d'usage doit-il supporter cette taxe ?

La question d'intégrité de l'objet mis en vente est une des plus grosse source de difficulté, lorsqu'il s'agit d'un objet d'art. Bien des personnes soutiennent, avec quelque raison, que si une poterie rare raccommodée reste une pièce de collection, une statuette de marbre dont la tête est séparée du tronc n'est plus un objet de luxe, et ne doit pas être taxée. Si, dans la pratique, notre thèse de classer les statuettes dans les motifs d'accompagnement est adoptée pour l'application de la taxe de luxe, les discussions pour objets brisés disparaîtront en grande partie, les objets brisés en dehors des pièces rares, n'atteignant jamais le prix de cent cinquante francs.

Il y a donc presque toujours des questions d'espèces dans lesquelles le bon sens et le tact des receveurs et inspecteurs d'enregistrement peuvent et doivent apporter de justes tempéraments à la rigueur du décret ; on doit souhaiter que dans chaque ville une entente à ce sujet s'établisse entre fonctionnaires et officiers ministériels pour l'interprétation des points obscurs de la liste officielle.

En ce qui concerne les bijoux brisés, s'ils ne contiennent ni perles ni pierres, ils sont vendus ordinairement comme matière sans taxe de luxe. Mais dans le cas contraire, on se trouve en présence de deux thèses : les acheteurs soutiennent que le bijou étant brisé, est inutilisable, et par conséquent ne peut plus être considéré comme article de luxe, argument qui a sa valeur. Mais de son côté, l'enregistrement, brandissant le texte du décret, fait remarquer avec quelque raison que l'art. 29 du tableau A taxe les perles et les pierres détachées, que l'officier vendeur doit faire une ventilation et appliquer la taxe de luxe à la partie du prix valeur des pierres ou perles !

On voit par ces exemples combien il est souhaitable qu'un commentaire du décret du 7 septembre 1923 vienne préciser ces points litigieux.

Ce ne sont point les seules difficultés qu'éprouve un officier ministériel à appliquer le décret. Comme nous l'avons dit plus haut, le classement des meubles et objets dans le texte officiel, est tel qu'on perd bien du temps pour trouver le prix maximum des

objets non taxés. Et cependant il, est indispensable
que l'officier ministériel puisse au cours de la vente,
annoncer que l'objet mis aux enchères va atteindre
le prix limite, et que la taxe de luxe est applicable.
Car si l'officier vendeur dépasse ce prix sans s'en
apercevoir, et que la taxe de luxe ne lui soit réclamée
que plusieurs mois plus tard, sera-t-il possible d'en
exiger le remboursement par l'acquéreur, qui fut
peut-être un touriste, ou qui arguera que cette taxe
n'a pas été annoncée ?

Nous avons donc pensé, qu'une liste alphabétique
des meubles et objets inscrits au tableau B facilite-
rait la tâche des officiers vendeurs, et leur éviterait
de supporter eux-mêmes des compléments de taxe,
lors de la révision des minutes des procès-verbaux,
par les inspecteurs de l'enregistrement.

Ceux-ci, de leur côté économiseront un temps pré-
cieux, en utilisant cette liste pour faire cette révision.
Enfin les marchands et antiquaires pourront la consul-
ter avec fruit, tant pour leurs ventes que pour leurs
achats. Elle ne tranche aucune des difficultés aux-
quelles nous faisïons allusion tout à l'heure, mais elle
permettra du moins de se rendre compte rapidement
des limites de prix des diverses catégories dans lesquelles les meubles et objets mobiliers peuvent être
compris, sans être frappés par la taxe de luxe, et d'ins-
crire dans les procès-verbaux les meubles et objets
vendus sous une dénomination ne prêtant à aucune
équivoque.

LISTE ALPHABÉTIQUE

DES

MEUBLES et OBJETS MOBILIERS

inscrits au Tableau B

et soumis à la taxe de luxe au-dessus d'un prix maximum

(Décret du 7 Septembre 1923)

Nos de la liste	DÉSIGNATION	PRIX maximum exempt de taxe	
45	Abat-jour, porcelaine ou verre..	40	»
	— en toute autre matière	30	»
91	Agrandissements (appareils d')	150	»
117	Albâtre (objets de fantaisie en)..........	40	»
104	Alcool de toilette,....... .... *le litre.*	20	»
91	Appareils d'agrandissements.............	150	»
42	— d'éclairage pendus ou appliqués au plafond.................	500	»
43	.. d'éclairage placés sur un mur...	100	»
44	— d'éclairage posés sur le sol, sur une table....................	150	»
91	— de photographie...............	150	»
82	— de project. (scient. et d'enseign.)	Exempts	
82	— — (jouets).............	35	»
43	Appliques (éclairage).....................	100	»
9	Argentier (meuble)....	2.000	»
5	Armoire de chambre à une ou plus. portes.	2.500	»
9	— d'antichambre ou de cabin. de toil.	2.000	»
108	Assiettes faïence........	4	»
108	— porcelaine	5	»
108	— à pied faïence	12	»
108	— — porcelaine,...............	15	»
117	— décorées avec caractère artistique	40	»

Nos de la liste	DÉSIGNATION	PRIX maximum exempt de taxe	
111	Baignoires en métal commun, émail. ou non	700	»
10	Banquettes avec dossier.........	800	»
11	— sans dos. de salon ou de piano.	400	»
34	Bibelots de fantaisie (objets d'étagère) autres que les objets de collect. ou de curiosité :		
101	1° En bronze d'imitation.............	40	»
117	2° En faïence, porcelaine, grès, cristal, pâte de verre, albâtre, émaux	40	»
134	3° Articles de piété..................	30	»
133	4° Articles de fumeurs......	20	»
35	5° Articles de fantaisie pour bureaux..	25	»
34	6° Tous autres non dénommés.........	20	»
8	· Bibliothèque de bureau	2.400	»
9	— de salon....................	2.000	»
112	Bidet faïence ou porcel., comp. robinetterie	450	»
93	Bijouterie de toute nature autre que celle portée au tableau A........ *l'article* (*).	20	»
65	Boas en plumes.	80	»
10	Boîtes à Horloge.........................	800	»
97	Bouts de table.................. *la pièce*.	150	»
57	Bretelles....	25	»
28	Brise-bise.................. .... *la paire*.	50	»
122	Broderie (tarif des *dentelles*)		
101	Bronze d'imitation (objets en) et objets d'ornement non dénommés.............	40	»
41	Brosserie, peignes et aut. objets de toilette.	25	»
44	Brûle-parfums	150	»
6	Buffet de salle à manger..................	2.300	»
10	Bureau de dame....	800	»
8	Bureau d'homme........................ .	1.200	»

(*) Les prix des bijoux vendus brisés subissent ordinairement une ventilation, le métal payant le droit simple et les pierres, la taxe de luxe, conformément au n° 29 du tableau A. Les bijoux brisés sans pierres paient, dans la plupart des villes, le droit simple.

Nos de la liste	DÉSIGNATION	PRIX maximum exempt de taxe	
116	Cabaret, suivant composition : 25 francs par flacon, 3 fr. par verre, plus le coffret.....		
8	Cabinets de travail, 3 pièces.....	4.000	»
3	Cacao pur........................ *le kilo*.	13	»
75	Cache-col et cache-nez en laines.....	55	»
56	— — en toute autre mat..	30	»
97	Cache-pots (par assimilation à Vases)......	150	»
96	Cadres de glace, de tableaux et autres.....	75	»
30	Cages................................	20	»
7	Canapé de salon....	1.600	»
9	— (grand) ou divan	2.000	»
11	— osier ou rotin...................	400	»
150	Candélabres.................... *la pièce*..	150	»
67	Cannes et poignées et autres accessoires vendus séparément	20	»
83	Cannes à pêche	20	»
10	Caqueteuses	800	»
115	Carafes à eau, à bière ou à vin......... ..	25	»
13	Carpettes (autres que celles du tableau A) *le m. q*........................	60	»
76	Cartels.....	500	»
9	Cartonniers doubles	2.000	»
10	— simples	800	»
11	Casier à musique...................	400	»
57	Ceintures pour hommes..........	25	»
59	— — dames	80	»
	— orthopédiques..........	Exempts	
12	Chaises cannées, paillées, en rotin ou osier.	150	»
11	— garnies ou de salon.........	400	»
6	— de salle à manger	150	»
10	— longues, en une ou plusieurs parties.	800	»
44	Chandeliers.... ... . *la pièce*..	150	»

Nos de la liste	DÉSIGNATION	PRIX maximum exempt de taxe	
5	Chambres à coucher, 3 pièces	4.000	))
71	Chapeaux de dames.	80	))
70	Chapeaux de paille (hommes)	40	))
69	— en autre matière (hommes).	60	))
134	Chapelets	30	))
11	Chauffeuses.	400	))
72	Chaussures pour enfants	75	))
73	— pour hommes ou dames	100	))
75	Chemises de nuit pour dames, ou combinaisons	90	))
99	Chenets (voir garnitures de foyer).		
10	Chevalets de salon.	800	))
32	Chiens	300	))
10	Chiffonnier	800	))
1	Chocolat. . . . . *le kil*. .	12	))
35	Cinématographes (jouets).	35	))
36	Ciseaux de moins de 25 cent.	25	))
11	Coiffeuse ou poudreuse	400	))
65	Collets en plumes	80	))
119	Colliers de chiens	15	))
75	Combinaisons pour dames.	90	))
9	Commodes de chambre ou de salon	2.000	))
108	Compotiers faïence.	12	))
108	— porcelaine.	15	))
4	Confiserie. . . . . *le kil*. .	12	))
10	Consoles	800	))
108	Coquetiers faïence.	6	))
108	— porcelaine.	8	))
108	Corbeilles à fruits (par analogie) faïence . . .	30	))
108	— — porcelaine	37	))
117	— — décor fantaisie	40	))
53	Corsages de dames	175	))

Nos de la liste	DÉSIGNATION	PRIX maximum exempt de taxe
59	Corsets...	80 »
48	Costumes complets ou *pardessus*, compris ceux en fourrure :	
	1° pour enfants	200 »
	2° pour garçonnets	300 »
	3° pour hommes (habit, smoking, redingotte, jaquette)	600 »
49	4° — . (veston)	500 »
51-52	Costumes de dames ou *manteaux*, compris ceux en fourrure :	
	1° pour fillettes	300 »
	2° pour dames	600 »
48	Costumes de théâtre pour professionnels...	Exempts
97	Coupes...................... *la pièce*..	150 »
47	Couronnes mortuaires	150 »
31	Coussins en laine ou coton	25 »
36	Couteaux de moins de 25 cent... *la pièce*..	25 »
92	Couverts en métal argenté	Exempts
18	Couvertures de lit	275 »
18	Couvre-pieds	275 »
66	Cravaches	15 »
55	Cravates	20 »
117	Cristal (objets de fantaisie en)	40 »
27	Décor de fenêtre ou de porte	600 »
122	Dentelles mécaniques......... *le mètre*..	10 »
123	— — .... *à la pièce*..	20 »
122	— à la main......... *le mètre*..	25 »
123	— — .... *à la pièce*..	50 »
103	Dentifrices .... *le litre*..	35 »
14	Descentes de lit	100 »
19	Dessus de lit	150 »

Nos de la liste	DÉSIGNATION	PRIX maximum exempt de taxe	
14	Devants de foyer ou de canapé	100	»
124	Draps de lit pour 1 personne.... *la pièce*..	160	»
124	— — 2 — .... — ..	200	»
120	Draps d'habillement.. · .... *le m.· q*..	60	»
10	Dressoirs	800	»
104	Eaux de Cologne (et analogues).. *le litre*..	20	»
103	Eau dentifrice.......... ..·... — ..	35	»
94	Eaux fortes......	150	»
39	Echéanciers.................. ...	75	»
11	Ecrans	400	»
18	Edredons.................	275	»
117	Emaux (et objets fantaisie en)	40	»
26	Encadrements de porte ou de fenêtre (tentures ou rideaux)	250	»
35	Encriers de bureau .... ·.....	25	»
117	— faïence, porcelaine, cristal, bronze imitation......	40	»
12	Escabeaux............................	150	»
94	Estampes anciennes et modernes..........	150	»
10	Etagères à découper (dressoir)............	800	»
10	— de salon (par analogie).	800	»
12	— à suspendre	150	»
135	Eventails........	10	»
90	Face-à-mains non montés or, argent, platine ou écaille.......	30	»
117	Faïence (objets fantaisie en).............	40	»
12	Fauteuils rotin ou osier.................	150	»
12	— de table, fixes ou pliants	150	»
11	— de bureau	400	»
10	— de salon ou autres..	800	»

Nos de la liste	DÉSIGNATION	PRIX maximum exempt de taxe	
46	Fleurs artificielles ou stérilisées...........	6	»
46	— naturelles, plantes de serre ou d'appartement..... ... . *l'achat*..	10	»
	Fontaines (voir *Lavabos*)		
56	Foulards	30	»
63	Fourrures, compris tapis...............	300	»
52	— Manteaux à manches ou capes de plus de 90 cm, voir *Costumes*.		
64	— (pelleteries)................ ..	50	»
10	Gaînes	800	»
61	Gants peau ou mixtes..................	25	»
62	— tissu...................... ..	20	»
98	Garnitures de cheminée, avec deux motifs d'accompagnement....	800	»
99	Garniture de foyer, y compris les écrans ...	200	»
105	Gemmes d'imitation	20	»
39	Gibecières....................	60	»
50	Gilets pour hommes	50	»
22	Glaces avec tain, non encadrées......... .	300	»
23	— — encadrées........	375	»
94	Gravures anciennes et modernes	150	»
117	Grès (objets de fantaisie en)....	40	»
11	Guéridons.....	400	»
74	Guêtres et jambières	45	»
122	Guipures (tarif des *Dentelles*)..		
50	Habits (d'hommes)	400	»
87	Harmoniums................	3.000	»
118	Harnais complets....................	1.500	»
118	— pièces isolées	300	»
87	Harpes	3.000	»
76	Horloges......	500	»

Nos de la liste	DÉSIGNATION	PRIX maximum exempt de taxe	
88	Instruments de musique autres que pianos droits, orgues, harmoniums, harpes et ceux portés au Tableau A.............	500	»
80	Instruments de jeux................ ...	50	»
81	— de sport.......	70	»
83	— de pêche.......	20	»
50	Jaquettes.......	400	»
11	Jardinières.....................	400	»
58	Jarretelles......	15	»
108	Jattes faïence	12	»
108	— porcelaine....................	15	»
80	Jeux (instruments de)...................	50	»
82	Jouets.............	35	»
89	Jumelles ...._.......	60	»
53	Jupes de femme........	250	»
75	Lainages (bonneterie)........	55	»
	— ayant forme de vêtements, tarif des *pièces de costumes*		
119	Laisses de chien....................	15	»
44	Lampes, lampadaires, compris abat-jour...	150	»
42	Lanternes de vestibule ou autres	500	»
82	— magiques et de projection (jouets)	35	»
112	Lavabos faïence ou porcelaine, compris robinetterie, par place (v. *Toilette-lavabo*)	450	»
108	Légumiers faïence.......	30	»
108	— porcelaine.................	37	»
129	Linge de table ou de maison (sauf draps, taies, nappes, serviettes, mouchoirs et torchons)........ .... *l'article*..	12	»
75	Lingerie de corps (sauf chemises de nuit de femme et combinaisons)...... *l'article*..	55	»
17	Linoleum..................... *le m. q.*..	35	»

Nos de la liste	DÉSIGNATION	PRIX maximum exempt de taxe	
11	Liseuses (meubles)	400	»
5-20	Lits sans sommier, bois ou métal.........	1.100	»
94	Lithographies.........................	150	»
84	Livres anciens et modernes, non reliés, autres que ceux du Tableau A (v. *Reliure*)	200	»
90	Lorgnettes non montées en or, argent, platine ou écaille	30	»
42	Lustres................................	500	»
136	Malles....	150	»
52	Manteaux de dames, compris ceux en fourrure :		
	1° Fillettes	300	»
	2° Dames........................	600	»
39	Maroquinerie (sauf échéanciers, gibecières, sacoches, serviettes et sacs de dames)....	20	»
92	Métal argenté (objets en)............	20	»
12	Métier à broder.......................	150	»
9	Meubles à crédence.	2.000	»
21	Miroirs (voir aussi *Glaces*)...............	75	»
77	Montres autres que celles en or ou platine..	250	»
97	Motifs d'accompagnement (objets accompagnant ordinairement une pendule sur une cheminée)	150	»
43	Motifs muraux d'éclairage ou lumineux....	100	»
128	Mouchoirs .... *les douze*..	60	»
108	Moutardiers faïence....................	6	»
108	— porcelaine.....................	8	»
88	Musique (voir *Instruments*)		
126	Nappes 6 couverts....................	100	»
	— 12 —	150	»
	— 24 —	200	»
91	Objectifs pour photographies..........	150	»

Nos de la liste	DÉSIGNATION	PRIX maximum exempt de taxe	
68	Ombrelles... ...	80	»
92	Orfèvrerie en métal com., argenté ou non..	20	»
86	Orgues...	4.000	»
10	Pannetières...	800	»
50	Pantalons d'hommes...	150	»
24	Papiers peints, le m. q...	6	»
68	Parapluies, parasols (ou accessoires)...	80	»
10	Paravents...	800	»
48	Pardessus (tarif des *Costumes*)...		
65	Parures en plumes...	80	»
136	Passementeries (tarif des *rubans*)...		
117	Pâte de verre (objets de fantaisie en)...	40	»
83	Pêche (instruments de) autres que les filets servant à l'exécut. de la prof. de la pêche.	20	»
54	Peignoirs pour dames...	150	»
41	Peignes...	25	»
92	Pelles à gâteaux ...	20	»
64	Pelleteries... *l'unité*.	50	»
76	Pendules	500	»
79	Pendulettes et pendules de voyage...	125	»
105	Perles d'imitation... *la pièce*.	20	»
91	Photographie (appareils de)...	150	»
95	Photographie d'art, reproduction d'œuvres d'art par la photographie ...	100	»
86	Pianos droits...	4.000	»
105	Pierres précieuses d'imitation...	20	»
42	Plafonniers...	500	»
46	Plantes naturelles... *l'achat*.	10	»
46	Plantes artificielles... *la pièce*.	6	»
92	Plateaux en métal argenté...	Exempts	
108	Plats faïence...	13	»

Nos de la liste	DÉSIGNATION	PRIX maximum exempt de taxe	
108	Plats porcelaine.	15	»
117	— décor fantaisie, faïence ou porcelaine.	40	»
65	Plumes (voir *Parures*)		
117	Porcelaine (objets de fantaisie en).	40	»
10	Porte-chapeaux	800	»
108	Porte-couteaux, faïence..	6	»
108	— porcelaine....	8	»
92	— métal argenté.	20	»
38	Portemines en toutes matières	25	»
37	Porteplumes réservoirs.................	60	»
35	— fantaisie.....	25	»
110	Pots à lait (service à thé ou à café) faïence.	13	»
110	— — porcel..	15	»
102	Poudres et pâtes dentifrices. .. . *l'article*.	3	»
11	Poudreuses..........................	400	»
31	Poufs et coussins autres que ceux recouverts en cuir ou imitation (voir *Tabourets*)....	50	»
11	Prie-Dieu.......	400	»
54	Pyjamas en coton........	60	»
54	— en soie, laine ou autres tissus....	150	»
108	Raviers faïence........	6	»
108	— porcelaine.	8	»
50	Redingottes	400	»
85	Reliures :		
	Volumes in-12 (env. 12-18 c.m. et au dessous).	20	»
	— in-8° (env. 13-20 à 18-28 c.m.)...	30	»
	— in-4° (env. 17-25 à 26-36 c.m.)...	50	»
	—- in-folio s.....	80	»

Lorsqu'un volume est vendu relié, le maximum d'exemption de taxe de 200 francs s'augmente du prix de la reliure.

Nos de la liste	DÉSIGNATION	PRIX maximum exempt de taxe	
78	Réveille-matin......................	60	))
26	Rideaux .... *la pièce*	250	))
28	— de vitrage, brise-bise,... *la paire*.	50	))
54	Robes de chambre (dames).............	150	))
54	— — (hommes).............	200	))
130	Rubans, le mètre ou le motif.............	10	))
39	Sacoches cuir..........	75	))
40	Sacs de dames, en toutes matières........	50	))
137	Sacs de voyage......................	100	))
139	— garnis....................	200	))
108	Salières faïence....	12	))
108	— porcelaine	15	))
108	Saladiers faïence.................. ..	6	))
108	— porcelaine... ....'...	8	))
6	Salle à manger, 8 pièces..................	4.000	))
7	Salon 5 pièces......................	4.000	))
108	Saucières faïence.....................	12	))
108	— porcelaine.........	15	))
102	Savons .... *la pièce*.	3	))
11	Sellettes d'artistes..................	400	))
11	Servantes de salle à manger.............	400	))
10	— — automatiques.....	800	))
106	Services de table (74 pièces) faïence.......	400	))
106	— — — porcelaine.. .	500	))
107	— à dessert (42 pièces) faïence......	200	))
107	— — — porcelaine...	250	))
110	— à thé ou à café (9 pièces) faïence..	75	))
110	— — (15 —) — ..	111	))
110	— — (9 pièces) porcel...	96	))
110	— — (15 —) — ..	144	))

Nos de la liste	DÉSIGNATION	PRIX maximum exempt de taxe	
116	Services de table (52 pièces) verre ou cristal.	300	»
116	— à bière, à liqueurs, à madère ou autres, taxés suivant le total des prix unitaires des pièces les composant.		
109	Service de toilette (5 pièces) faïence	100	»
109	— — — porcelaine	125	»
109	— — pièces détachées, faïence.	30	»
109	— — — porcel .	37	»
42	— à hors-d'œuvres ou autres, en métal, par pièces le composant..............	20	»
127	Serviettes de table ou de toilette...	8	»
39	Serviettes ministre ou d'écoliers, en peau...	60	»
50	Smoking..........	400	»
108	Soupières faïences........................	30	»
108	— porcelaine,.	37	»
60	Soutien-gorge	50	»
29	Stores de fenêtre ou de vitrage............	150	»
37	Stylographes.. ......-.	60	»
34	Statuettes en toutes matières........... ..	20	»
40	— bronze imitation..............	40	»
117	— porcelaine, verre, faïence, albâtre, pâte de verre, cristal, émail.....	40	»
97	— pouvant rentrer dans la catégorie des motifs d'accompagnement .	150	»
108	Sucriers (service de table) faïence..... ...	12	»
108	— — porcelaine......	15	»
110	— (service à thé ou à café) faïence....	13	»
110	— — porcelaine.	16	»
92	— métal argenté..................	20	»
117	— cristal.....................	40	»
42	Suspensions (éclairage).................	500	»
11	Table de chevet ou verre d'eau...........	400	»

Nos de la liste	DÉSIGNATION	PRIX maximum exempt de taxe	
11	Table gigogne	400	»
11	— à jeu	400	»
10	— de milieu ou de salon	800	»
11	— de nuit	400	»
10	— de salle à manger	800	»
11	— à thé	400	»
11	Tabourets de piano	400	»
12	— de pied	150	»
11	— pouf	400	»
125	Taies d'oreiller	30	»
15	Tapis cloué … *le m. q.*	45	»
150	— de table	150	»
13	— (voir *Carpettes*)		
110	Tasse et soucoupe faïence… *les 2 pièces*	6	»
110	— — porcelaine. —	8	»
25	Tentures murales autres que celles en coton, laine, soie, en tout ou en partie.. *le m. q.*	7	»
33	Timbres-poste,… *la pièce ou la pochette*	5	»
120	Tissus pour vêtements … *le m. q.*	60	»
121	— ameublements —	50	»
41	Toilette (objets de)	25	»
10	Toilette-commode ou Duchesse	800	»
10	— lavabo, par place	800	»
44	Torchères.	150	»
129	Torchons	Exempts	
138	Trousses de voyage (garnies)	100	»
9	Vaisselier	2.000	»
137	Valises	100	»
139	— garnies	200	»
97	Vases … *la pièce*	150	»

Nos de la liste	DÉSIGNATION	PRIX maximum exempt de taxe	
42	Vasques (éclairage)	500	»
44	Veilleuses	150	»
113	Verres (grands)	6	»
113	— (petits) et verres à liqueurs	3	»
110	Verseuses (service à thé ou à café) faïence	13	»
110	— — porcelaine	16	»
92	— p. limonadiers, métal argenté	Exempt.	
50	Vestons	150	»
50	Vêtements (voir *Costumes* et au nom de chaque pièce)		
11	Vide-poches	400	»
100	Vitraux en tous genres, le m.q	200	»
10	Vitrines de salon à une porte	800	»
9	— --- à deux portes	2.000	»
131	Voitures à chevaux	4.000	»
30	Volières	20	»

S. A. Imprimerie Charentaise. — Angoulême.

9 782329 038483